AF219038

© 2022, Christian Hofmann
Herstellung und Verlag: BoD – Books
on Demand, Norderstedt
ISBN: 9783755740704

Vorwort

Immer und immer wieder, so war es mein Ziel und Vorhaben, vielleicht auch Gedanke – bei der Fertigstellung eines Buches, keins mehr zu verfassen!

Allerdings ist es der Ausgleich zu den etlichen Jobs und Arbeitsplätzen, welche ich rein zweckmäßig des Erwerbs der Lebensmittel zu kaufen ausführe! Auch den zahlreichen Leistungen gerecht zu werden, denen ich verpflichtet bin!

Mein Schreiben ist also nach wie vor, meine Medizin! Meine therapeutische und leidenschaftliche Berufung! Oft frage ich mich, wie viele Bücher ich noch verfassen werde und worin der Sinn liegt…

Nun, ich gehe täglich zum Job! Täglich zum Arbeitsplatz, wo ich meine Arbeit zu verrichten habe, dort mache ich Dinge, die mich nicht Geringsten berühren oder mir Freude bringen! Warum mach ich das???

Ich frage also nicht mehr nach irgendeinem
Sinn und wieso und wie lange und
überhaupt…!

Schreiben ist meine Leidenschaft!
Meine wahre Berufung!
Ich übe sie aus, bis zu meinem letzten Tag,
bis zum letzten Atemzug, so lange, wie Gott
mir Zeit zu schenken vermag!

Christian Hofmann

Marburg an der Lahn, 2022

Christian Hofmann

LYRISCHE WEITEN 2
Zauberblüte

Kapitel 1:
<u>Neue Konturen</u>

Die Unberechenbarkeit (Depression)

Lügen auftischen, bitte! (Gesellschaft)

Neue Konturen (Veränderung)

LYRIK IST MEIN LEBEN (Reimgedicht)

Erwartungen (Psychologie)

AUS REI'M'EM HERZEN (Reimgedicht)

GLÜCKLICHES LEBEN (Reimgedicht)

Rubrik Depression: Christian Hofmann, verfasst 06.01.2022

Die Unberechenbarkeit

Es ist etwas Unberechenbares mit den Depressionen und den damit verbundenen Schüben.

An einem Tag scheint die Welt verloren und alles was man bislang getan und vollbracht hat, es wirkt so bedeutungslos und frei von jeglichem Sinn!

Am nächsten Tag scheint es dir, als sei die Welt dein bester Freund und als würde die Zeit nur auf euch warten!

An manchen Tagen sogar, wechselt dieses Empfinden, dieser plötzlich eintreffende „Spurwechsel" von einem Moment auf den anderen, vom gerade noch stabilen Gefühlsgefüge geht es über in einen zerbrochenen Zustand.

Gründe oder Abläufe, kann ich dafür keine präzisen und endgültigen geben. Aber oft sind es schubartige Augenblicke!

Meine Depressionen sind auf jeden Fall Phasen und hinzu kommen noch diese heftigen Schübe, oftmals unerklärlich wie; Angst, Sorgen, Kummer, Leid und die Aufregung über „irgendetwas überlebenswichtiges vergessen zu haben"!

Wenn diese Momente eintreten, so bricht das Chaos im Innern aus, in diesen Moment geht nix mehr! Wenn alles zusammenkracht und eine Katastrophe im Kopf zur nächsten jagt, dann benötige ich definitiv Stift und Zettel!

Leid und Kummer kann ich so kompensieren, in dem ich bewusst eine Zeit lang einfach schreibe! Gedichte, Reime, Verse – ob negative oder positive, ob depressiv oder vom Hochgefühl!

Dennoch ist die Unberechenbarkeit der Depression eine schwere Lage, in die ich mich jedes Mal begeben muss, obwohl sie längst bekannt und vertraut ist!

Sie macht mir das Leben immer wieder aufs Neue schwer!

Ich merke es schon morgens beim Erwachen und beim Aufstehen, ob die Dämonen meinen Kopf, meinen Geist unter ihren „Fittichen" haben oder ob mein Geist und meine Gedanken ganz bei mir sind.

Dies ist der Grund, warum es mir niemals gelingen wird, dass ich ein „überglücklicher Mensch" werden kann, warum ich auch mit Systemen, Gruppierungen, Regelwerken mich so verdammt schwer tue!

Man kommt aus diesem Dreck nicht einfach raus!

Es staut sich auf und wird schlimmer, wenn man nicht mehr schreibt, nicht mehr kreative Dinge unternimmt und nicht mehr spricht!

Zu reden hilft mir oftmals nicht, weil nicht jeder dies versteht, was in mir vorgeht, weil mein Gegenüber nicht davon betroffen ist!

Rubrik Gesellschaft: Christian Hofmann, verfasst 06.01.2022

Lügen auftischen, bitte!

Warum fällt es Menschen „Lügen aufzutischen" leichter, als sie von einem Glauben zu überzeugen!?

Der Mensch, er möchte Aufmerksamkeit, Beachtung, Wertschätzung, er möchte erstrebenswerte Komplimente und Bestätigung, kurzum verstanden fühlen! Wir können also gute und positive Aussagen vernehmen und verinnerlichen, doch oftmals hören wir, was wir ja hören wollen! Leichtes Instrument also für unseren Gegenüber, denn es werden die richtigen Werkzeuge gezückt, um die gewünschte Bestätigung zu erhalten!

Also glaubt der Mensch um fast jeder Lüge, die bestens geschmückt und bunt ausgemalt ist!

Beispiele sind u.a. Versicherungen, Anbieter im Dienstleistungssektor ein Beispiel ist der Vertreiber von elektronischen Geräten und durch die eben verkaufte Nutzbarkeit dieser Geräte.

So wird demnach also alles für super, einzigartig, supergünstig angepriesen und wenn der „Fisch an der Angel zappelt", dann ist der Rest ein Selbstläufer.

Man bemerkt leere Versprechen und das meistens nicht alles gehalten wird, wie es denn einem so schön um den Mund gesprochen wurde!

Neue Konturen

Für neue Konturen, so muss ich vieles um 1000 Ecken zurücklassen. Ich bin des Tuns nicht zu bequem oder zu träge! Nein!
Nur träumte ich bislang meine Veränderung und verfasste sie lediglich zu Papier.

Es geht nun mehr darum, die Ideen und Visionen zu realisieren.
Die aktuellen Umstände hindern mich und beeinträchtigen mich und meinen Geist!
Denn der Job raubt mir Kraft und Energie. Er deprimiert mich dermaßen, dass ich derzeit an Erschöpfung, Ermüdung und Kraftlosigkeit leide!

Also flüchte ich permanent und stetig in meine Gedanken, in die Visionen und Träume, die mich am Leben halten!

Aber dies sind auch positive Effekte, denn es nimmt mir etwas den Druck und das Missempfinden und es lindert und mindert auch meiner Qual Schmerzen!

Dennoch tue ich genau wie gerade jetzt, nur wieder Gedanken und Vorstellungskräfte verschriftlichen. Ich verfasse und verfasse, dabei verpasse ich und ich verpasse...

Also beginne ich eine Liste anzufertigen mit;
Neue Konturen, Pläne und Umsetzungen! Alle Ziele zusammengefasst und tabellarisch festgehalten, so kann ich doch ankreuzen und abhaken was ich unterbewusst, angetrieben doch schon erledigt habe und kann ich sogar Erfolge verbuchen über jene Rückmeldungen...

Manchmal benötigen wir Zeit, um zu reflektieren. Dazu sollten wir immer einen Abgleich erstellen, von; SOLL / IST.

Christian Hofmann, verfasst 06.01.2022
LYRIK IST MEIN LEBEN

Über tausende von Seiten habe ich
geschrieben, innerlich herrscht Krieg
Denn ich kämpfe für meinen
Seelenfrieden!
Ich kann mich nicht begründen!
Ich kann mich nicht erklären!
Ich kann auch nicht so tun,
als wäre nichts gewesen!

Die Lyrik ist mein Leben
Sie ist mein Atem, ist mein –
„Geben und mein Nehmen"!
Ich kann ohne sie nicht leben!
Ich muss verfassen, denn ich kann es
nicht lassen!
Ich nimm noch 'nen Schluck vom
Lyrikzauber!

Hoch die Tasse, breite Brust!
Versunken tief meiner Schreibens Lust!
Leidenschaft so unbeschreiblich,
es führt die Hand zum Tanz den Stift!

Erwartungen

Des Lebens Erwartungen... Was sind unsere Erwartungen an uns selbst? Welche sind die, die von uns abverlangt werden? Meine eigene Erwartung an mich?
Welche ist eigentlich oder welche sind es, - ob eine oder mehrere, darüber möchte ich nachdenken und nehme mir hier die Zeit dafür.

Zunächst einmal muss ich erstmal differenzieren zwischen Wunsch und Erwartung!
Oftmals bemerke ich gar nicht, dass meine Wünsche in Erwartungen übergehen. Denn Wünsche sind Sehnsüchte, unerfüllte Gedanken, Vorstellungen, die wir uns machen. Sie spielen sich im Kopf ab, so viele verschiedene Szenarien – die im Herzen und in der Seele etwas auslösen.

Positives Empfinden, Freude, Euphorie –
Allein diese vollendeten Vorstellungen,
diese Kraft dafür im Innern, im Geist –
sie können uns alle so sehr positiv
beeinflussen!

Diese Euphorie trägt uns auf Wellen
durch den Tag, durch die Woche, zu
schön und bestenfalls tragen sie uns
durch unser ganzes Leben!

Was erwarte ich also mit meinem ganzen
Sammelwerk an Lyrik, meiner
Schriftstücke und dieser
Lebensphilosophie, von all dem, was ich
bislang verfasste und noch verfasse!?

Erwarten sollte ich eigentlich nichts!
Denn es sind ja Worte, Gedanken,
Eingebungen vom innerlichen
Empfinden, welches ich einfach nur nach
außen trage.
Aber Wünsche, ja Wünsche entstehen
auch bei den verfassten Werken.

Es sind Wünsche und Hoffnung, dass ich Menschen erreiche, die mich verstehen! Alle Menschen die ähnlich fühlen, jene für die ich diese unbeschreibliche emotionale Ergriffenheit doch in einer, nämlich meiner Form beschreiben kann.

Alle Menschen die es nachempfinden können! Menschen, die es wertschätzen, ein Sammelwerk von Gefühlen und Gedanken, welches den Menschen, meinen Nachkommen lange, lange noch erhalten bleiben soll und wird!

Die Philosophie, das Ergründen unserer selbst, unseres eigenen ICHS, es liefert die Antwort auf Erwartungen, die wir an uns selbst stellen und haben.

Die Wünsche und die Hoffnung dazu, diese tragen uns durchs Leben, wenn man es möchte, sogar ein ganzes Leben lang!

Christian Hofmann, verfasst 07.01.2022
AUS REI'M'EM HERZEN

Bei allem Zauber der Schönheit
Bei allem Glanz und geheimnisvoller
Zeit
Ein Teil des Bildes im Ganzen betrachtet
Schön wie ein Traum –
Aber vollständig anwesend, wachend

Hin und weg, von allen Sinnen
Mit allen Gefühlen ist der Geist,
in Gedanken versunken
Die Wirkung wie betäubt, hypnotisiert,
gar betrunken!

Gepackt und ergriffen im fesselnden
Rausch
Zu glauben ist es kaum, es ist kein
Erwachen erwünscht aus diesem
Traum!
Kein Verweis der Anwesenheit
in diesem Raum!

So wie dies hier alles beschrieben,
in aller Genauigkeit –
Erstreben und lieben,
dem Rausch einfach erlegen, in Träume,
in die Weite, in die Ferne einfach
fliegen

Die Fantasie wird angesteuert
von ihrer Vorstellung,
aus aller Träumerei,
alles wirkt wie leichte Poesie

Ich kann gar nicht – nicht schreiben!
Denn ich lebe im Gedicht und
Ich lebe in Reimen, kannst du
verstehen, wie ich meine!?
Meine Geschichte muss ich aus Liebe
meiner Gedichte schreiben!

Die Tiefe meines reinen Schmerzens,
muss ich schreiben rei'm'en Herzens!
Was manches Mal so federleicht
geschrieben klingt,
wird getragen mit aller Schwere, die
das Leben mit sich bringt

Kummer und Sorgen, sie hängen
wie Blei an meinen Füßen!
Dies sind die wahren Belange, aus
diesem Leben mit seinen;
„herzlich-schrecklichen-Grüßen"!

Traum und Realität
Vorstellen, fliehen, bleiben –
Welch Spezialität!
Herrlich fein und rein,
keine Kanten, keine Kratzer,
alles glatt und splitterfrei

Christian Hofmann, verfasst 07.01.2022
GLÜCKLICHES LEBEN

Lebst du glücklich oder
lebst du in einer Lebensblase!?
Vielleicht hast du Glück
und du erlebst es nur als Lebensphase!

Lebst du, wirklich freien Herzens,
mit aller Freude die du fühlst!?
Hast du alles erreicht, alles
restlos was du, wirklich willst!?

Bist du gezeichnet, von den
Spuren deiner Wege aus deinem Leben!?
Hast du Träume – so grenzenlose!?
kommst du her? Hast du Bock zu
reden!?

Alles im Leben, es kann möglich sein!
Es liegt bei dir, ganz allein!
Wie groß und stark sind deine Träume!?
Meine passen in keine kleinen Räume!

Meine Träume, sie leben alle in mir
Jeder blüht beim Verfassen aufs Papier!
Meine Träume sind meine melodische
Begleitung!
Sie sind keine kurzanhaltende und
vorübergehende Modeerscheinung!

Der Unterschied zwischen;
Lebenstraum und Traumleben –
Ein Lebenstraum träumt man,
doch das Traumleben kannst du leben!

Alles daran zu setzen
Alles dafür zu geben
Glaube mir, es lohnt sich allemal!
Wer Verluste erträgt, wird Erfolge
haben!
Auf jeden!

Kapitel 2:
Zauberblüte (Lyrik)

Neujahrsstart
Danksagung
Um der Versuchung
Um der Ernüchterung
Zauberblüte
#Bühnen-Revue-Flashback
Sonntagmorgen
Das Problem mit dem Kopf
Entlang der Strecke
Unbeschrieben & leer
Texte um die Ohren
Nichts zu finden
Menschenhand
%
Räume voller Träume
Das Weite finden

Zauberblüte
Neujahrsstart

Der erste Tag im ersten Monat –
Angekommen im neuen Jahr
Da nehme ich eine große Veränderung
Noch nicht wahr

Vorsätze und Vorhaben, diese
umsetzen möchte ich sie allesamt
in vollendete und auch
durchgezogene Glanztaten

Das neue Jahr leuchtet
unter einem, ganz besonderen Stern doch
auf –
denn auf meiner Liste stehen so viele
Programme, Konzepte und Ideen drauf

2022 – Meine Litera'tour
Wieder bewusster und intensiver,
all meine Momente leben!
Das Schreiben, lediglich Begleiter nur!

Dies ist das Grußwort ans neue Jahr
zum Jahresstart
Mal schauen, was das Jahr in 365 Tagen
alles mir bringen mag

Mit dieser Frische durch die
nächsten Wochen ziehen
Monatelang, 52 Wochen,
fließen von heute an wieder dahin

An jedem Tag in diesem Jahr, so möchte
ich einer Danksagung Genüge tun!
Mit Gottes Gnade und mit ihm an meiner
Seite, so mögen alle meine
Schlechtigkeiten, bitte, bitte doch in
Frieden ruhen!

Ich möchte nicht, dass mich
weiter Hass und Wut leitet!
Ich möchte, dass Licht und Hoffnung,
mich meiner Wege begleitet!

Zauberblüte
Danksagung

Ich fühle mich erschöpft,
müde und so verloren!
Ich kann die Traurigkeit, die Depression
nicht erdrücken und mit keinem
Schalter so einfach umlegen!

Stück für Stück, so muss ich zurück
Ich muss da raus!
Mit vollem Schädel, wieder hin
zu klaren Gedanken finden

Ich vernehme das Rauschen der Lahn
Ich sehe all die Vögel fliegen,
aber mein Kopf –
Die Ohren und Augen sind wie betäubt!

Lieber Gott, ich danke dir für
den ersten Januartag im neuen Jahr –
Dieser mild und für meine Seele
Doch Balsam war
Auch danke ich dir dafür,
dass die dichten Wolken am Himmel
zwischenzeitlich mal die Sonne
durchsickern ließen!

Ein solch milder Tag,
so ein milder Jahresstart, wie der Beginn
des Frühjahrs erschien er mir,
den ich so sehr brauche und genieße

Zauberblüte

Um der Versuchung

Zusammenfassung meiner Gedanken
vom heutigen Tag –
Vorhaben, Ziele, im Beginn der
Veränderung, dass diese, gelingen mag

All die Träume und Visionen, die ich habe,
die mich tragen
All diese, die in mir entspringen, von nun
an neben dem Papier zum Leben bringen!

Alles was bislang im Leben
schon entstanden ist,
wurde aus Träumen, Gedanken und
auch aus Visionen erbaut

Jetzt ist es für mich und meine Träume
und meine Visionen an der Zeit,
ich habe lange genug,
diesem Leben nur zugeschaut
Alles was wirklich zählt, felsenfest
und jeglichen Zweifel an mich glauben!
Glaube versetzt Berge und aus Steinen,
können wir unsere Werke bauen!

Ich habe nur dieses eine Leben
Und mein Drang, er wird größer
Unermesslich, unendlich, ungebändigt –
Sind meine Träume groß und weit!

Gott, ich weiß – du weißt um
meinen, diesen Drang
Auch um mein Leid, das Aufstreben –
Um meinen seelischen Niedergang!

Bei allem depressiven Strom
Bei dem negativen Einfluss
So will ich tun um der Versuchung,
ich werde tun, was ich tun muss!

Zauberblüte
Um der Ernüchterung

Die Schwierigkeit und das Mühselige ist,
Kontakte zu knüpfen!
Menschen zu erreichen und zu
überzeugen,
als „NO NAME" unter Beweis zu stellen –
welchen lyrischen Inhalt mit
entsprechender Tiefe, ich doch abliefere!

Aber es geht darum, jede noch so
wahre Erkenntnis die ich erfasse –
sie soll keine Ausrede sein und nicht dem
negativen Nutzen zufallen, dass ich
aufgebe oder nachlasse!

Der Gedanke zu sein,
wo ich gerne sein möchte –
dieses finale Bild es trägt mich und
der Drang und Wille steigen und steigen,
bis hin zur Freudenexplosion!

Auch zu wissen, wie gut es doch tut,
in Bars und Cafés zu sitzen und meine
Texte zu verfassen, aber dieses „nur"
Verfassen fördert nicht mein gewünschtes
Ziel zu erreichen!?

Der Gedanke ans Gelingen, diese
Gefühle und Emotionen, die in alle meine
Werke, in diese eingeflossen sind, ist so
überwältigend!

Aber diese Gedanken –
„Es wird nichts werden, es wird sich
nichts zu keiner Zeit ändern" –
Weil ich auch nur einer unter vielen bin,
die diese Träume haben und verfolgen –
dies ist frustrierend, enttäuschend und
schmerzhaft!

Es sind Gedanken, die ich mir mache,
die mich einholen,
die mich ergreifen –
die positiven, wie auch die negativen

Zauberblüte

Gäbe es in diesem Leben,
eine einzige Zauberblüte mit der
die Möglichkeit bestünde, nur einen
einzigen Wunsch zu wählen

Wüsste ich um diese einzigartige
Vergänglichkeit,
wäre wirklich, ein Wunsch um dieser
Kostbarkeit erlegen?

Würde ich diese Zauberblüte doch
aufbewahren alle Zeit lang?
Würde ich sie schützen, sie hüten
und sie pflegen wie mein eigenes Leben!?

Gäbe es wirklich, diesen sagenhaften Wert,
der einmalig nur verwendbar wäre –
Würde ich diese Zauberblüte um ihr Ende
bringen!?

Welcher Wunsch,
welcher nur,
würde dieser Zauberblüte –
denn nur würdig werden!?

Ich würde wohlwissend,
aus der Zauberblüte Ende,
etwas, ewiges wünschen bei
ihrer Vergänglichkeit

Ich würde mir Frieden wünschen!
Frieden auf der ganzen Welt!
Und auch in aller Menschen Herzen,
für immer! In alle Ewigkeit!

Zauberblüte
#Bühnen-Revue-Flashback

Von den Menschen, die mal waren
Bleiben nur noch Namen!
Alles Namen ohne jeglichen
Ausdruck der Gesichter!

Man spricht kein Wort mehr miteinander!
Auch gönnt man sich,
gegenseitig nur wenig –
und das noch nicht mal!

2015 bis 2021
Und in 2022 –
So habe ich, mache ich mein eigenes
Programm, das weiß ich!

Nur noch Schatten aus
einer Vergangenheit
Namenlos und schattenartig –
So dieser Weg es gewahr beschreibt!

So hat es sich zugetragen
Stand der Dinge, so die Lage!
Fremde gewesen, wir sind sie geblieben,
waren dies auch Marburger Tage

Sonntagmorgen

Ich habe schon so viel versucht
Ich habe schon so viel geschrieben,
mit Gift im Herzen und dem Wunsch
von meinem Seelenfrieden!

Eine Frage die sich mir stellt –
„Was noch kommt, wie es weiter geht"!?
Mein großer Wunsch um mein Seelenheil,
darum sich mein Gedanke dreht!

Licht und Zuversicht finde ich
in der Wahrheit des Weges, ganz bestimmt
Lieber Gott, ich bitte dich –
Lass mich den Sinn erkennen!

Es ist wieder mal ein Sonntagmorgen
Schreibe gegen Kummer und meine Sorgen
Ich wandle allein durch die Dunkelheit
Sag mir bitte, ist der Weg noch weit!?

Mein Kopf ist so randvoll –
Blockaden für die Sicht aufs Positive!
Tränen über Tränen,
die ich innerlich vergieße!

Zauberblüte
Das Problem mit dem Kopf

Im Kopf schwirren Gedanken
über den festgesetzten Pflichtterminen!
Zeitlich dicht getaktet, sind wichtige
Informationen liegen geblieben!

Es häuft sich, es staut sich, es türmt sich
auf – zur Unübersichtlichkeit!
Um den ganzen Durchblick zu bewahren –
Keine Chance! Neue Pflichten und
Informationen kommen im Ansturm und
sie machen sich breit!

Chaos und Durcheinander –
Der Kopf rotiert um alle Belange!
Stimmen die dann beginnen zu sprechen,
die sagen; „Vergesse es bloß nicht dann"!

Pflichttermine hier und da
Einer Gedankenblockade schon sehr nah!
Termine, Pflichten, TO-DO!
Es ist, als öffnete man 1000 Bücher und
schlägt keines mehr zu!

Das Regal ist längst schon mehr als voll!
Überfüllt! Alles steht und liegt,
so kreuz und quer –
Man wird überfordert, man kann nicht
mehr!

Entlang der Strecke

Ich träume mich fern
in eine, ganz andere Welt
Ich reise über Planeten,
über Sonne, Mond und Sternenbild

Entlang der Strecke
Weiter, immer nach der Fantasie
All das Unerreichte kommt hier näher,
immer näher hier zu mir!

Meine Träume und Gedanken
Sie öffnen Tore, überschreiten Grenzen
Im Vollrausch durch die Gedanken,
es gibt keinen Grund zu bremsen!

Kein Fehltritt, keine Angst
vor dem nächsten Schritt
Ich nehme das all das Gute meines
Geistes auf der Reise mit!

Ich träume mich hinfort
in vollkommene Zeiten
Dort wo es nichts zu bereuen gibt,
dort will ich ewig bleiben!

Zauberblüte
Unbeschrieben & leer

Was würde ich, was könnte ich tun,
wäre ich noch völlig unbeschrieben!?
Kein Datenfluss, keine Datenmenge, wäre
ich wie „völlig leer und voreingestellt und
dabei auch geblieben!?

Würde ich heute anders denken!?
Würde ich anders fühlen können!?
Hätte ich mehr Verständnis wie ohnehin!?
Würden die Lichter mancher Hoffnung
heller brennen!?

Wie wäre es gewesen, ohne
Enttäuschung, ohne Schmerz, ohne Leid!?
Ohne den täglich starken Kummer,
hätte ich heute eine glücklichere Zeit!?

Man hat mir meine Träume, für die ich
brannte, für die ich lebe zerredet!
All meine Wünsche mir zunichte gemacht!
Finde ich denn keinen Ansatz mehr!?

Wie würde ich heute, hier und jetzt
all meine Dinge angehen!?
Wäre ich unvoreingenommener, nicht
gebrannt, nicht geprägt, defragmentiert –
Ganz unbeschrieben & leer!?

Ohne Ängste, ohne Zweifel
Ohne Kummer und ohne schlechtes
Gewissen, wäre ich voller Zuversicht!?
Wäre ich des Gelingens überzeugter!?
Wäre ich fester in den Glauben noch
verbissen!?

Täglich laufe ich nun so durchs Leben
Unverstanden – beladen mit Schwere an
Gefühlen! Blockaden, Zweifel, nicht licht-
erleuchtet-sehend,
mich nur im Leid und Traum und Wunsch
fortbewegend!!!

Texte um die Ohren

Jeden Tag schreibe ich mir –
Zig Texte um die Ohren!
Ich habe Hoffnung, doch sie geht
allmählich doch verloren!

Ich schreibe meinen Geist mir leer
Mit der großen Hoffnung,
es entdeckt die Leidenschaft meiner
Berufung endlich irgendwer!

So viele Jahre die schon vergingen
Reime, Texte, Verse, Gedichte,
die nun allesamt die Spitze
der Welt, erklimmen!?

Traurigkeit macht sich so unendlich
weit und breit!
Die Berufung meines Lebens,
Autor, Dichter sie heißt!!!

Ich schreibe und schreibe!
Zeile um Buch!
Aber für den Lebensunterhalt zu
bestreiten, bin ich leider nicht bekannt
genug!

So schreibe ich aus Leidenschaft
Seitenweise bedrucke ich Papier!
Je mehr ich verfasse, umso besser geht es
mir!

Ich verliere die Kraft und
allmählich auch meinen Glauben!
Ich werde nix erreichen,
der Realität ins Auge schauen!

Ist die „richtige" Adresse,
einfach, noch nicht gefunden!?
Noch nicht angeschrieben?
Finde ich sie in fernen Stunden!?

Zauberblüte
Nichts zu finden

Wo sind die guten Gedanken?
Wo sind die hoffnungsvollen Momente
nur versteckt!?
Nichts zu finden, ich stecke fest!

Ein neuer Abschnitt hat begonnen
Gedanken, ja sie sprudeln, teilweise aber
im sehr starken Nebel, sie erscheinen wie
ein unbrauchbarer Rest!!!

Positives entsteht in der Form,
so erstrebenswert, ganz fein!
Doch versauert im negativen Strom!
Alles wird erstickt im Keim!

So viele Gefühle entstehen,
die kurzerhand wieder untergehen!
So viele Gedanken, die Unmögliches doch
möglich machen lassen!

So viele Ideen und Träume die,
wahre Formen schaffen
So viel Realität, Enttäuschung und
Traurigkeit die sich wieder
zusammenstürzen lassen!

Zauberblüte
Menschenhand

Der Kopf ist so voll momentan
Ideen und neue Texte jederzeit!
Doch mein Körper und die Struktur um
mich herum, versetzen mich in depressive
Lage!

Ich habe Vorstellungen davon,
wie ich leben möchte!
Doch die Möglichkeiten ergeben sich
bislang, einfach nicht!

Es sind Blockaden und es
sind Barrieren im Geist!
Diese mir jegliche Gedanken und Ideen,
kontrollieren und gar zerreißen

Festeingefahren ins Funktionsprinzip
Leistung erbringen!
Leistung! Leistung! Leistung!
Ich bin es satt! Ich bin so am Ende!

Es sind diese äußerlichen eindringenden
Einflüsse!
Pflichten und Erwartungen, alle wollen
immer haben!
Sie sind wie scharf abgefeuerte Schüsse!

Die Seele sie leidet!
Der Verstand verliert seinen Stand!
Das Herz blutet aus und meidet –
jeglichen Kontakt zur Menschenhand!

Zauberblüte
%

Wie viel Prozent meines Lebens,
gehören denn wirklich mir!?
Wie viel Prozent sind es, die ich doch
einfach nur funktionier!

Wie viel Prozent beträgt der Anteil,
wo lediglich, nur existier'
Wie hoch ist die Chance in Prozent, dass
ich Erfolg habe, bei allem was ich
probier!?!

Der Mensch, alles geformt, genormt!
Definiert, strukturiert, thematisiert!
Perforiert, klassifiziert, fasziniert –
Alles hat der Mensch genauestens
personalisiert!!!

Wie viel Prozent meines Lebens,
war schon reine Zeitverschwendung!?
Wie viel Prozent erreiche ich,
bei meiner Berufung-Vollendung!?

Wie viel Prozent beträgt die
Wahrscheinlichkeit fürs Wahrwerden
meiner Träume!?
Wie viel % sind schon abgestellt dieser,
in lautlosen, schalldichten, verlorenen
Räumen!?!?

Zauberblüte
Räume voller Träume

Die Sonne scheint durchs
Fenster hinein
Doch an der Wand hängen Bilder
voller Traurigkeit,
auch die Räume voller Träume,
sie sind belegt mit Dunkelheit!

Doch nun beginnt ein neues Zeitfenster
Die Reise zu einem neuen Morgen,
weit entfernt und losgerissen,
entfesselt all der Sorgen!

Die Sonne lässt neue Träume entstehen,
sie blühen und gedeihen!
Der Kummer und die Zweifel, ich schließe
sie tief im Keller unten ein!

Ich werde vergessene Momente und
die gute Laune, die verschüttet liegt,
aus dem Schatten hervorholen!
Weil die Sonne wieder überwiegt!

Zauberblüte
Das Weite finden

Abstand suchen!
Das Weite finden!
Was würde ich dafür,
denn nicht alles geben!?

Ich bin gefangen im
Kreislauf der Gewohnheit
Der Ablauf täglich gleich
Daraus besteht mein Leben!

Keine Chance auf,
frische Gedanken, diese zu fassen!
Ich gehe unter, schwimme im Strom,
bei all der Masse!

Wie komme ich weg!?
Wie kann ich aus diesem
beschissenen System, denn nur
ausbrechen und wohin gelangen!?

Muss ich es einsehen!?
Muss ich es akzeptieren!?
Bin ich denn mein Leben lang, im
Register hier gefangen!?

Kapitel 3:
Vorstellungskraft

Glasfassade (Träume)

Gesichtsausdrücke (Gesellschaft)

Nimm dir mal Zeit (individuell)

DAS NICHTWISSENDE (Reimgedicht)

Später leben (Fazit)

DIE DICHTKUNST (Reimgedicht)

SEELSORGE (Reimgedicht)

Rubrik Traum & Fantasie: Christian Hofmann, verfasst 07.01.2022

Glasfassade

Jeden Abend, wenn ich durch die Glasfassade blicke und die angeleuchtete Hauswand betrachte, auf die das Mondlicht scheint, wenn er sich zeigt und mit den Lichtern der Laternen den Abend bis in die Nacht erhellt. So schaue ich aus dem Wohnblock hier im 7. Stock.

Ich sehe den dunkelblauen Himmel, der sich ins Schwarz vermischt und sehe all seine funkelnden Sterne, die er in Reihe und Bahn erblicken lässt.

Mein Blick gleitet in die weite Ferne und meine Gedanken spinnen sich mit aller Fantasie zusammen, als wäre dieser Anblick des dunkelblauen, fast schwarzen Himmels, die Tür in eine andere Welt. Eine andere verborgene Dimension, die sich geheimnisvoll in der Tiefe der Nacht verbirgt.

Eine Tür in eine Weite, die ich von hier, wo ich gerade liege mit nur wenigen Schritten doch betreten kann.

Eine endlos weite Galaxie, wo sich Gedanken und Gefühle in eine unbegrenzte Vorstellungskraft vermischen und die Realität nur ein Hauch, ein kurzer Wimpernschlag ist – in einer niemals endenden Fantasie, ich die ich abtauche und eintrete.

Gesichtsausdrücke

Wenn ich in den Bars und Cafés sitze zum Verfassen meiner Texte, sind meine Blicke die durch den Raum gleiten und die Gedanken und Gefühle im Innern, dazu dann die Beobachtung und Eindrücke zu Papier schreiben.

In den Cafés und Bars, treten Menschen ein und Menschen aus. So viele Menschen in einem Raum, wo keiner den anderen kennt und einander zuvor noch nie begegnet ist.

So beobachte ich die Menschen und deren Gesichtsausdrücke, die stummschweigend reden und erzählen möchten.
Jeder sitzt für sich allein, an seinem Platz, an seinem Tisch, doch im Großen und Ganzen betrachtet, sitzen wir nicht

allein, sondern im Raum unter Gesellschaft.

Das Verhalten der Menschen und ihre Gesichtsausdrücke, sie lassen mich in ihrer Seele lesen, ich kann es erfassen und schließlich dann im Text verfassen.

Ich fühle und erkenne, dass jeder dieser Menschen um mich herum, in diesem Raum zu dieser Zeit, ein jeder doch sein „Päckchen" zu tragen hat.

Ich schaue in stumme und doch so viel, sagende und erzählen wollende Gesichter hinein. Jeder ist sich hier fremd, nicht bekannt, unter Gesellschaft, wir sind in einem Raum und doch ist und bleibt jeder für sich allein!

Rubrik individuell: Christian Hofmann,
verfasst 08.01.2022

Nimm dir mal Zeit

Nimm dir mal Zeit, beschreibe kurz dein Empfinden, deine Gefühle und Gedanken... (Zeilen für dich selbst)!

_____

_____

_____

_____

_____

_____

_____

_____

_____

_____

_____

_____

Christian Hofmann, verfasst 08.01.2022
DAS NICHTWISSENDE

Wüssten wir um das
noch nicht wissende,
so wüssten wir um
unserer Zukunft Wissen

So würden wir,
all das noch nicht wissende
nun wissen,
würden wir noch alles genau so
tun, wie wir es augenblicklich noch
tun!?

Wir können Unwissendes, nicht vor
dem Tag wissen, an dem uns
das Wissen, also das Bewusstsein
erlangt!

Aber um eines wissen wir doch,
obwohl dies die Zukunft ist,
die, ja noch nicht wissend ist!

Wenn wir miteinander weiter
so umgehen und die Welt,
unsere Heimat,
wenn wir diese weiter so behandeln wie
wir es tun,

so wird dieser Planet einen riesigen
Schaden erleiden,
der niemals mehr im Leben geheilt
werden kann und Leid vergießen,
welches niemals mehr vergeht!

Rubrik Fazit: Christian Hofmann, verfasst
08.01.2022

Später leben

Erst die Arbeit, dann das Vergnügen! Wer kennt nicht diesen Spruch? Diese Tugend, dieses Anerziehen, was man uns doch aus Wohlwollen und mit gutem Gewissen mitgeben wollte...

Wir leben heute, immer im in der Gegenwart. Immer im Hier und Jetzt! Dies denken wir zumindest! Unsere Gedanken und Gefühle jedoch, hängen oft in der Vergangenheit ab oder schweifen in Richtung „Später leben".

Alles was wir gerne möchten, verschieben wir so oft! Jeden Tag sagen wir uns; „Sei dankbar, du hast nur dieses eine kurze Leben"!
Ja und genau das, ist das Tragische und das Traurige an der ganzen Sache!
Wir leben um dieses Wissen, in voller Bewusstheit! Trotzdem hetzen und

hechten wir immer allen Terminen, Fristen und Pflichten hinterher, als würde unser Leben oder viel Überleben davon abhängen!

Wie viele Menschen kennst du, die sich sagen; „Dieses, jenes möchte ich noch gerne im Leben machen und erleben" „Aber nicht jetzt, wenn die Zeit dafür mal da ist, wenn ich dafür den Kopf frei habe".

Fazit: Also später! Aber später kann oft zu spät sein! Oder wie in anderen Fällen, trifft später gar nicht ein, weil die Zeit zum später leben, diese es gar nicht gibt und man sein eigenes Leben ständig und immer wieder, leider aufgeschoben hat!

So viele Lieder und Filme, die uns doch immer wieder zeigen:
„Lebe jetzt"! „Lebe nun"! Also sollten wir es tun!

Christian Hofmann, verfasst 08.01.2022

DIE DICHTKUNST

Ich sitze im Auto und ich
lasse die Gedanken schweifen
So wie sie entstehen, wie sie fließen –
So möchte ich sie beschreiben

Ich denke nach über diese Welt,
über die Menschheit und den ganzen
Wahnsinn!
Unsere Geschichte, unsere Handlung im
Verlauf der Zeit, ich bin mittendrin!

Welche Gedankenmomente, die da
schon kamen und wieder gingen
Viele wurden von mir beschrieben, es
sind Buchstaben, die sich auf dem
Papier verfingen!

Alles zum Lesen ersichtlich,
wird gelesen, wird vergessen
Nichts ist ewig in unserm Leben –
Alles geliehen, was wir je einst haben
besessen!

Die Dichtkunst trägt bei zu
meiner Lebensfreude!?
Denn meistens bin ich versunken in
Trauer und Kummer, voller Sorgen
wieder zu, genauso wie heute!

SEELSORGE

Jede freie Minute die ich lebe,
da strömen Wörter meiner Wege
Ich kann gar nicht anders, wie
schreiben, es ist wie Seelsorge, die ich
pflege!

Ich schreibe des Verstandes Willen!
Mit all meiner Vernunft,
in der Gegenwart über Vergangenes
und mit dem Blick in die Zukunft!

Jedes Wort des Textes,
das ich verfasse, welches ich schreibe
Es spendet Trost und irgendwie Halt!
Selbst in schwerer Stunde, die ich
erleide!

Sie sind Balsam, all die Worte –
Sie kümmern sich meiner Seelsorge!
Eins mit den Wörtern sein!
Es ist Lebensgefühl, ganz ungemein!

Es ist wie das Eintauchen in
eine andere, meine eigene Welt!
Alles wird vergessen, nichts ist um
so hohe Wichtigkeit bestellt!

Keine Termine, keine Hektik
Kein gesellschaftlicher Druck, kein
Zwang!
Hier bewege ich mich frei, hier kann ich
sein –
Ich bleibe dort mein Leben lang!

Kapitel 4:
Melancholie (Lyrik)

Dieses Überkommen
Meine Ballade
Mein Heim gesucht
Wortfindung
Wie ein Gebet
Was hat es!?
Einsam dieser Platz

Dieses Überkommen

Es ist so schwer zu ertragen,
an jedem meiner Lebenstage!
Täglich tun, was ich nicht will!
Das Real-sein wird mir zur Plage!

Tagtäglich stehe im Kampf,
in einem wahren Zwiespalt –
Immer zwischen Maske tragen und
Wahrzeichen von Haut und Gestalt!

In den Texten schreibe ich all
meine Niedergänge nieder!
All die Erniedrigung, die ich spüre!
Vertraut wie auswendig manche Lieder!

An manchen Tagen, da weiß ich
Einfach, nicht mehr wohin mit dem Ballast!
Mit all den schweren Gefühlen, und
Gedanken, die mich runterziehen, weil sie
an mir haften!

Es gibt kein Entfliehen, es gibt kein
„Ich bin davongeschwommen"!
Es schenkt auch keine Gnade, dieses
furchtbare Überkommen!

Melancholie
Meine Ballade

Mein ganzes Leben es ist eine
einzige Schmach!
So wie das Schiff nach dem Untergehen,
liegt es brach!

Wie soll ich jemals noch ein ehrliches
Lächeln ins Gesicht kriegen!?
Ich habe das Gefühl –
„Ich sterbe meinen Frieden"!

Keine Hoffnung mehr, keinen Glauben
mehr daran, dass es alles mal besser wird!
Ist das Salz erstmal im Wasser,
das Wasser so verdirbt!

Wie kann und soll ich noch –
Hier im Frieden leben!?
Bewusst meiner Schuld, das Gewissen,
es drückt und beißt!

Von außen bin ich an einem Strang zu
sehen!
Doch innerlich, verdammt nochmal!
Es mich zerreißt!

Dies ist die Ballade meiner gelebten
Traurigkeit!
Da gibt's keinen Trost auf bessere Tage,
nicht jetzt und zu keiner Zeit!

Mein Leben, ein einziger Schlamassel!
Ausweg, Rettung!? Gibt es nicht!
Nur weiter ins Dilemma!
Bis mein letzter Sockel bricht!

Mein Heim gesucht

Meine Zeit wird kommen,
ob in Form eines Textes oder
eines Tages –
dies ist mir ungewiss!

Doch meine Zeit wir kommen,
ich spüre es –
Dann ist es soweit, wo mein Einsatz
gefragt und gefordert ist!

Dieser Augenblick, dieser Moment
Definitiv wird er mich ereilen!
Es wird die Zeit, in der mein Leben den
Sinn erhält und er wird ewig bleiben!
Die Energie, die da in mir strömt –
Selbst in toten und hoffnungslosen Tagen,
sie bleibt als Licht zurück!
Es ist ein Glauben, den ich in mir trage!

Vielleicht bin ich verrückt!
Vielleicht depressiv und krank!
Doch mein Glaube, er ist –
Wo ich Halt und Trost noch fand!

Versager meines Lebens!
Keine Rolle in die ich passte!
Ich ertrage es, ich nimm sie hin,
diese Schmerzen mir zu Last!

Melancholie
Wortfindung

So viel was mich bewegt, was mich ergreift
Ich kann es manchmal nicht klar
beschreiben!
Gefühlsstau, Gefühlsaufbau, alles was
geschieht, kann es nur in Worte kleiden!

Endlose Beschreibungen
1000 Wege, 1000 Leitungen
Widmungen und Windungen
Gefühlsausbruch, muss für alles Worte
finden!

Ich lebe in Vaters Land
Getragen an der Mutters Hand
Heimatboden in dieser Welt,
ich diesen jedoch noch nicht fand!

Weite Wege, Straßen und Pfade –
Ich habe sie begangen, sie bereist
Vieles habe ich gewusst, aber auch vieles
vergessen, um was ich weiß!

In meinen Gedanken, in meiner Welt
Da stapfe ich umher!
Die Welt da draußen, um mich herum –
Sie ist so verlassen, marode und leer!

Melancholie

Wie ein Gebet

So viele gute Gedanken, gute Absichten
Ein schönes Wohlbefinden!
Alles gefühlt, mit Herz und Seele!
Alles Negative, das böse Erlebte, ließ
meine Gutherzigkeit schwinden!

Die Gesellschaft lässt mir keinen Raum
für meine Entfaltung!
Es geht um die Klassifizierung! Ich habe zu
sein wie die Masse, es geht um meine
Kleinhaltung!

Ich soll lediglich marschieren!
Ohne Widerwort, ohne jeder Überlegung!
Alles akzeptieren, fressen – einfach so
wie alle anderen funktionieren!

All die positiven Visionen, die Wünsche
und um, dieser Vorstellungskraft
Diese wurde ausgehebelt, mich depressiv
geformt, gestimmt – mein gutes Herz tritt
außer Kraft!

Ich brauche nicht viel, nur Raum für
meine Gedanken, meine Kunst!
Ihr alle wisst leider nix von mir!
Ihr habt keinen Schimmer, keinen blassen
Dunst!

Und an jedem Abend
wenn ich sehe, dass der Mond am Himmel
steht
Dann schriebe ich Verse, Zeilen
welche sich dann lesen lassen wie
ein Gebet!

Dieses Leben hat geblüht
Mein ICH hat voller Lebensfreude, vor
langer Zeit mal Glück versprüht!
Leid und Qual hat man mir gebracht!
Ich verachte einen bestimmten Teil, dieser
Gesellschaft!

Was hat es!?

Verloren meiner Gedanken, so sitze ich
wie verlassen dieses Platzes!
So viel aufgekratzt, geschunden,
gewunden – gebracht, was hat es!?

Ich habe mich verkracht! Ich habe mich
gefetzt! Allein sitze ich hier, aktuell und
jetzt!
Doch eines hat es wohl gebracht!
Alles meiner Überzeugung, für diese habe
ich es gemacht!

Ein Mensch, der an sich glaubt –
Und nicht der Masse folgt,
der bestreitet einsam seinen Weg!
Um zu bleiben, wie man ist, ist der Lohn
gekrönt vom geistigen Erfolg!

Wie viele also glaubten an mich!?
Wie viele sind da, wer war es nie!?
Verlust und Schwund, er gehört dazu!
Traurig, doch so klingt die Lebensmelodie!

Wie viele unterstützten mich!?
Wie viele belächelten mich!?
Keiner wollte im Leben an mich glauben!
Eines konnten sie mir nie, den Glauben an
mich selbst mir rauben!!!

Einsam dieser Platz

Schmerzhaft und schwierig ist,
allemal der eigene Weg!
Weil er weder von der Masse gegangen ist,
noch er irgendwo geschrieben steht!

Unbeugsam, unbequem –
Dafür leben, dafür auch stehen!
Voller Trauer und einsam dieser Platz!
Weil diesen Weg zu gehen, nicht jeder
schafft!

Hart und steinig ist dieser Weg!
Aber richtig, wenn man ihn doch geht!
So wie alle – können viele!
Ich bin ich – habe meine eigenen Ziele!

Im Kopf die Vision –
Vollendeter Traum!
Bin mit meinem Ziel schon längst vereint!
Realität erweist sich schwerer –
als man es doch meint!

Kapitel 5:
<u>Damals wie heute</u>

Immer wieder sonntags (Erinnerung)

TRAUM-WEG (Reimgedicht)

WERDEGANG (Reimgedicht)

Zeittreu (Erinnerung)

Immer wieder sonntags

Immer wieder sonntags, wenn ich bei meinen Eltern zu Besuch bin, so läuft wie schon zu meiner Kindheit ~hr4~

Heute, nur etwas älter geworden, fühle ich mich jedoch wieder wie das Kind, wie der Jugendliche von damals.

Heute wo ich selbst Texte verfasse, Gedichte, Reime, Songtexte und diese feinen Sonntagnachmittage dafür immer nutze, weil mich manche Lieder von diesem Radiosender anfixen, mich mitreißen in meinen Gedanken und diese mit aufblühen, mitfühlen und mit in eine andere Zeit reisen.

Heute wo ich selbst nun Mitte 30 bin, höre ich diese Lieder, diese Interpreten behutsamer und bedachter als wie noch vor 15-20 Jahren.

Denn, ich selbst bin auch älter geworden und dementsprechend trage ich nun geformte Gedanken.

Wenn so also Lieder der Kindheit erklingen, von Interpreten, die ich damals nicht verstand und ich diese halt auf meine Weise „seltsam" fand.

Es sind heute diese, die mich abholen, wo ich mein Verständnis finde, welches ich suche.
Liedermacher, erfolgreiche Schlagersänger, mindestes ein Lied ist immer an einem Sonntag dabei, welches mich anspricht!

Wie mag ich mittlerweile diese Sonntage und das Hören dieses Senders!

Dies hätte ich nie für möglich gehalten, ich hätte niemals daran nur denken können, darüber mir den Kopf mal zerbrechen können. Aber meistens kommt es ja anders und selten, wie man es halt denkt.

In diesem Sinne, bin ich heute dankbar für diese lange und vertraute Zeit, denn durch Lieder mancher Interpreten, ist auch mein literarisches Sammelwerk gewachsen, denn Inspiration und Impulse senden mir immer und immer wieder für mich neuentdeckte, dabei schon so „alte" Lieder!

Christian Hofmann, verfasst 10.01.2022

TRAUM-WEG

Es wäre alles zu schön
Doch es ist zu schwer, um halt eben
leicht zu sein!
Ist die Lösung auch noch so
naheliegend,
sie ist nicht zu fassen, wir sind zu
hochschauend, aber einfach tieffliegend!

Bauen Luftschlösser und
leben in Ruinenkunstwerken!
Wir wollen alle gerne sein,
die wir doch niemals werden!
Ist das Leben vielleicht, einfach nur ein
Traum im Wachschlaf!?
Und wenn ein Ende folgt, gibt's dennoch
ein danach!?

Überfragt bin ich!
So viel kann ich gar nicht überdenken!
Wage ich zu leben und werde in
Wahrheit das Leben verschenken,
verschwenden!?

Christian Hofmann, verfasst 10.01.2022

WERDEGANG

Die Schulform und die Lehrbücher
Religion und Geschichte –
Das Lernen von ABC, 1x1
und auswendig mancherlei Gedicht

Morgenstern, Brecht und Kästner
Hesse, Nietsche und die Brüder Grimm
Erster Weltkrieg 1916, 2. Weltkrieg,
kalter Krieg! Diese Menschheit, so
grausam und so schlimm!

Philosophie, Soziologie, Technologie
Medizin, Schriftstellerei, Dichter &
Denker
Fortschritt und Moderne, die
Industrialisierung!
Es urteilt der Richter, es köpfte der
Henker!

Paragrafen, Linien, Tabellen –
und die Normalparabeln
Bibelverse, Fibel lesen und die Fabel

Schule-Unterricht, unbeschwerte
Kindheit –
So ist das Leben, alles holt sich
nach und nach für sich die Zeit!

: Christian Hofmann,
verfasst 10.01.2022

Zeittreu

Wenn ich heute als Erwachsener noch im
Winter durch den dichten Schnee und
verschneite Landschaft stapfe,
im Frühling den Duft des Erwachens
einatme und im Sommer den sanften
warmen Sommerregen auf meiner Haut
verspüre...
Ja so weiß ich wie schnell die Zeit
verläuft in ihrem Uhren-Feinmechanik-
Werk, so ändert sich manches doch nie,
denn es ist all der Zeit doch treu
geblieben.

Auch die bunten Wälder des Lebens,
wenn der Herbst beginnt und wenn die
Blätter dann als Laub zu Boden fallen,
dann verzaubert langsam und Tag für
Tag der Winter bald wieder diese Welt
in eine schneeweiße Traumlandschaft.

So kehrt vieles wieder, vertraut und herzensecht, so gefühlsstark und jeder Erinnerung so nah!

Bei allem was kommt und auch bei allem was geht, so bleibt doch etwas immer gleich und auch vertraut, von damals an bis heut'.

So benenne ich dieses Gefühl, welches mich gerade überkommt, einfach, wie es ist nämlich *„Zeittreu"*.

So schreibe ich diesen Text am Abend, wo der Tag sich nur Nachtruhe legt. Wieder ein Text, der mich selbst sehr bewegt. Er wird verfasst in diesem Kapitel für die Ewigkeit!

Denn dieser Text bleibt auch für mich, für euch, für jeden und für alle immer und einfach „zeittreu"

Christian Hofmann, geb. 05.03.1986

in Biedenkopf bei Marburg.

Der Autor lebt im mittelhessischen Marburg an der Lahn.

Dort begann im Jahr 2006 sein Sammelwerk, welches er bislang unter der Reihe ~Entgegen der Zeit~ publizierte.

Mit dem Band:
LYRISCHE WEITEN –

Zauberblüte

setzt er seine neue literarische und lyrische Reihe fort neben dem ersten Band, welcher schon erschienen ist.

Lyrische Weiten ist die Fortsetzung ab dem Jahr 2022 –

In Erinnerung und Gedenken an die ENTGEGEN DER ZEIT-REIHE.

VIELEN DANK, DASS SIE SICH FÜR DIESES BUCH ENTSCHIEDEN HABEN

HERZLICHST IHR AUTOR,

CHRISTIAN HOFMANN